RÉPONSE

A UN LIBELLE.

RÉPONSE

A UN LIBELLE,

Par l'Auteur de deux Ouvrages,

AYANT POUR TITRES :

L'HOMME DU SIÈCLE ET DE LA PATRIE,

ET

L'EMPIRE EST DANS L'EMPEREUR.

Nam quid ego de te dicam, cujus contumeliam homines ignavissumi vitâ suâ commutare volunt? Scilicet neque illis tantœ voluptati est, tametsi insperantibus accidit, dominatio, quanto mœrori tua dignitas.

SALLUSTE, *ep. ad Cœsarem.*

PARIS,

CHEZ
{
BARBA, Libraire, Palais-Royal, derrière le Théâtre Français, n°. 51 ;

DELAUNAY, Libraire, Palais-Royal, galerie de bois ;

MARTINET, Libraire, rue du Coq-Saint-Honoré.
}

De l'Imprimerie de HOCQUET, rue du Faubourg Montmartre, n°. 4.

16 avril 1815.

RÉPONSE AU LIBELLE

DE M. DE CHATEAUBRIAND.

Il y a des gens qui disent, ou qui écrivent que l'Empereur Napoléon n'eut point d'ambition, et qui cherchent à justifier, par des causes indépendantes d'elles, les expéditions d'Espagne et de Moscow. N'est-ce pas le cas de dire :

Caveas ne quid nimis?

Ces gens-là n'attaquent pas la question comme elle doit l'être, et nuisent plutôt à la cause de l'Empereur qu'ils ne la servent.

Napoléon fut sans doute ambitieux ; mais il est facile de prouver,

D'abord, que ce n'est point aux Français à lui reprocher son ambition, et que nous l'avons partagée ;

Ensuite qu'il était excusable de l'avoir.

Nous supposons qu'une ville soit divisée en dix familles ; que le chef d'une des ces familles ait été ambitieux ; qu'il se soit emparé par ruse ou par force des titres, des honneurs, des propriétés des neuf autres familles pour en faire jouir la sienne ; que, tant qu'il a réussi dans ses entreprises, sa famille en ait reçu avec reconnaissance les fruits ; si la fortune trahit enfin le chef de cette famille ; si elle lui ravit tout ce que ses travaux lui avaient fait acquérir, et qu'alors ses enfans l'abandonnent, le repoussent et l'invectivent, nous dirons qu'ils sont injustes et ingrats.

Nous supposons que l'Europe soit divisée en dix empires ; que le chef d'un de ces empires l'ait fait monter par la force de ses armes et de sa politique au plus haut degré de splendeur qu'un état puisse atteindre ; que les citoyens, tant qu'il a réussi dans son ambition, l'ayent approuvée, en ayent recueilli les fruits, et ayent en quelque sorte grandi avec leur chef ; si les élémens et la trahison, se déclarant contre lui, détruisent l'édifice de sa fortune et de son génie, et que les citoyens l'abandonnent, le repoussent et l'invectivent, nous dirons qu'ils sont injustes et ingrats.

Si l'Empereur était le seul homme ambitieux de son Empire, nous demanderons pourquoi les grands de l'état, ses ministres, ses conseils, ses maréchaux, ses officiers, ses soldats, le secondaient? Nous demanderons pourquoi ses cités lui présentaient des lauriers au retour de ses expéditions (1)?

----

(1) Toutes les femmes qui saluèrent Louis avec des mouchoirs blancs, lors de son entrée à Paris, avaient, à l'Opéra, salué Napoléon, lors de son retour de la campagne d'Austerlitz, avec des branches de lauriers.

Il y a des personnes qui , du fond d'un boudoir , décident irrévocablement que Napoléon a eu tort d'être ambitieux ; gens bien instruits des choses de ce monde et qui ont appris la politique et l'histoire dans des coteries de salon ! Gens bien conséquens dans leur conduite, qui recherchent la fortune et les places , et qui ne condamnent l'ambition du Souverain, qu'autant qu'elle contrarie la leur. Avant de juger ainsi sans appel, ils auraient dû, ce nous semble, définir l'ambition ; voir si elle est positive ou relative ; s'il y a de l'ambition quand tout le monde est ambitieux, et si, pour nous servir d'une expression d'Helvétius, il n'y a pas quelque duperie à être honnête homme, quand il faut vivre entouré de brigands. Ils auraient dû se demander alors si la Russie est sans ambition, lorsqu'elle se fait céder des provinces par la Turquie, par la Suède, par la Perse ; qu'elle s'empare de la Pologne, et qu'elle menace Constantinople ; l'Angleterre , lorsqu'elle se met en possession de tous les points militaires du globe, qu'elle se donne un royaume sur le continent , et qu'elle va brûler Washington ; l'Autriche, lorsqu'elle convoite le titre d'empire d'Allemagne et qu'elle veut régner en Italie , malgré les Italiens ; la Prusse , lorsqu'elle partage la Saxe en deux, et qu'elle dénombre les peuples comme le ferait l'acheteur d'un troupeau ; il aurait fallu enfin qu'ils examinâssent si les plus petites puissances de l'Europe ne s'agitent pas comme les plus grandes, afin de paraître plus importantes, et si dans ce conflit de prétentions, le plus sage n'est pas le plus habile, et le plus habile celui qui prévient audacieusement tous les autres ?

Les gens dont je parle auraient sans doute compris alors que les guerres qui paraissent les plus injustes ont souvent de sages motifs, et ils auraient trouvé à la conduite de Napoléon de puissantes excuses dans ce principe de Montesquieu : « Entre les sociétés, le droit de défense » naturelle entraîne quelquefois la nécessité » d'attaquer » Devions-nous attendre que l'Angleterre et la Russie se partageâssent le monde pour se le disputer ensuite ? et quand la conduite des Souverains au congrès nous fait connaître quelle était leur *magnanimité*, pouvons-nous raisonnablement blâmer l'homme qui voulut faire pencher en faveur de la France l'équilibre qui maintenant est rompu ?

C'est par ces grandes considérations politiques qu'il faut expliquer les guerres d'Espagne et de Moscow. Y chercher un autre motif, serait inutile, et pour ceux qui embrassent les choses de ce monde d'un point de vue élevé, et pour ceux qui, resserrés dans un cercle étroit d'idées, ne portent point leurs regards plus loin que leur ville ou l'intérieur de leur famille.

Les gens qui prétendent que l'Empereur fut sans ambition, disent aussi que, sous son règne, les pouvoirs étaient partagés.

Nous nous demandons ce qu'est le despotisme et ce qu'est un despote? Le despotisme est le pouvoir arbitraire et absolu de vouloir et d'exécuter. Un despote, dans toute l'étendue du mot, est un être qui peut tout vouloir et tout exécuter. Il y a donc deux despotismes, un de volonté et un d'exécution. Or, il est reconnu par tous les publicistes, que dans nos monarchies le chef doit avoir le despotisme d'exécution; c'est ce qu'on appelle la puissance exécutrice; dans les démocraties, le despotisme d'exécution est exercé par un sénat ou par ses délégués. Reste donc le despotisme de volonté que le peuple dispute au chef de l'état.

S'il pouvait se faire que le chef d'une monarchie fût l'homme le plus sage de l'Empire, on conçoit qu'il devrait joindre au despotisme d'exécution celui de volonté, et que le despotisme absolu d'un seul, serait, dans ce cas, le plus favorable à tous.

Or, que peut-on demander à un Souverain? des lumières; que peut-on craindre de lui? des passions.

Mais un seul homme peut avoir autant de lumières qu'un sénat; quelles assemblées auraient pu balancer le mérite d'un Lycurgue ou d'un Penn?

Qu'on nous permette ici un petit calcul mathématique.

Supposons cinq personnes, dont les mérites relatifs soient entre eux comme les nombres depuis un jusqu'à cinq : que ces cinq personnes forment un conseil, et qu'elles prennent une décision. En parlant dans la plus grande généralité, le mérite de cette décision sera désigné

$$\text{par} \frac{1+2+3+4+5}{5} = 3.$$

Si maintenant, au lieu de prendre pour guide cette décision moyenne, on prenait au hasard l'une de celles qui concourent à la former, on aurait évidemment deux chances pour le mieux aussi bien que deux chances pour le pire, puisque 4 et 5 surpassent 3, comme 3 surpasse 2 et 1. Les peuples qui placent le despotisme de volonté dans un sénat, au lieu de le mettre dans un seul homme, peuvent donc perdre à cet arrangement autant qu'y gagner.

Mais, dira-on, s'il est possible d'admettre qu'un seul homme puisse réunir, ainsi qu'un sénat, les lumières nécessaires au gouvernement d'un empire, ne doit-ou pas craindre en lui les passions que favorisent le despotisme de volonté, joint à celui d'exécution ? Cette objection met en principe qu'il y ait moins de passions dans un sénat que dans un seul homme, ce qui ne saurait être admis ; et pour nous borner à celle de l'ambition, qu'on se rappelle ce qu'a fait Rome sous ses consuls, et ce que fait l'Angleterre avec son parlement.

Ces considérations générales pourraient être combattues : vraies dans leur grande généralité, elles sont fausses dans des applications particulières : nous ne les donnons donc point pour être inattaquables; nous avons voulu seulement montrer que la théorie du despotisme de volonté dans la main d'un seul, peut se justifier d'une certaine façon par des raisons puisées dans l'intérêt même du peuple.

Il n'est donc point étonnant qu'un grand homme se soit laissé prendre à l'attrait enchanteur d'une puissance arbitraire et absolue. L'Empereur, élevé par le seul fait de son génie jusque sur le premier trône du monde, ayant sauvé deux fois sa patrie, mû par le sentiment de ses forces, nouvel Atlas, a pu vouloir seul se charger du soin de cet Univers, et réunir entre ses mains puissantes toutes les rênes de l'état. S'il ne peut être excusé, il faut blâmer tous les grands souverains qui, sans exception, ont substitué leur volonté à celle de leurs alentours.

Mais le charme de la souveraine puissance sera maintenant fatal en France à tout souverain qui voudra l'exercer ; nous sommes éclairés ; nous ne voulons plus qu'on nous mène ; nous voulons nous conduire nous-mêmes : chacun de nous a son amour-propre, et l'amour-propre, dit Voltaire, est un ballon gonflé de vent, dont il sort des tempêtes à la moindre piqûre. Dans l'état de nos lumières, nous ne voulons pas donner de l'argent sans savoir pourquoi nous le donnons ; nous battre, sans savoir pourquoi nous nous battons ; souffrir, sans savoir pourquoi nous souffrons : qu'on nous traite en hommes ; qu'on nous donne une patrie ; qu'on récrée l'esprit public, et, s'il le faut, chacun de nous deviendra soldat. La révolution a élevé nous âmes ; et si Léonidas n'avait eu aux Thermopyles que trois cents îlotes, il n'aurait pas combattu Xercès.

Ce n'est plus l'erreur qui peut nous former un esprit public ; c'est la vérité : nous ne nous battrons plus que pour la dignité de l'homme ; il faut donc la reconnaître.

Il n'y a point d'empire sans esprit public ; il unit étroitement ensemble les citoyens et le chef ; il est le ciment qui lie les parties fragiles d'un immense édifice ; quand il n'existe plus, l'édifice s'écroule au soufle du premier orage.

Le génie de l'Empereur est trop vaste pour n'avoir point su apprécier nos besoins et les siens : il a vu que pour notre bonheur et sa sécurité, il fallait nous rendre l'esprit public que la révolution nous avait donné, et que les dernières années de son règne avait contribué à nous ravir : aussi, en remettant le pied sur le sol de la France, son premier soin fut de nous rendre à nos idées, de nous attacher à la patrie, pour que nous nous attachions au chef : des institutions qui ne sont plus de vaines promesses, puisque nous en jouissons déjà, nous ont rendu une partie de nos droits ; d'autres institutions qui se préparent, vont les cimenter tous : alors nous serons invincibles, et l'étranger ne violera plus impunément le sol sacré de notre chère patrie.

Scipion, traduit devant le peuple romain, se contenta de dire : « Romains, à pareil jour j'ai » sauvé la patrie. Allons au Capitole rendre » grâces aux dieux. » Sophocle, accusé par des enfans ingrats, lut à ses juges OEdipe. Une des manières de défendre un grand homme, est d'opposer à ses accusateurs l'histoire de sa vie, et la vie de Napoléon est trop brillante pour que nous ne destinions pas quelques pages à en rappeler quelques-uns des principaux traits.

L'armée française ayant perdu l'offensive, était réduite à une grande extrémité, et tout présageait sa perte. Napoléon est nommé général en chef.

Le soldat reprend courage, et les armes fran-

çaises triomphent à Montenotte , Millesimo ;
Dego , Mondovi , Lodi , Lonado , la Brenta ,
Arcole. Rivoli , Anghiari ; la prise de possession de toute la Lombardie, l'entrée des troupes
françaises à Mantoue et à Venise, sont le fruit de
toutes ces victoires.

Napoléon par sa fermeté réprime les révolu-
tions qui éclatent à Milan et à Pavie.

L'empereur d'Autriche est contraint de signer
le traité de Campo-Formio.

Ce traité glorieux donne à la France les Pays-
Bas, et affermit la république cisalpine.

Nous n'ignorons pas que Napoléon , en réta-
blissant à cette époque les affaires de la France ,
fut puissamment secondé par notre courage ;
mais il faut convenir aussi que nous fûmes bien
dirigés par ses talens. On dit : « Un autre que
» lui en aurait pu faire autant. » Cela n'est pas
bien évident pour tout le monde ; mais toujours est-il vrai qu'il a décidé ce qui, avec tout
autre que lui, aurait été mis en question. Un
autre que le maréchal de Villars pouvait aussi
sauver la France à Denain, et cependant la gloire
de cette journée est donnée à de Villars.

Après la rupture du congrès de Rastadt, on
prépare l'expédition d'Egypte ; Napoléon en est
nommé le chef. On s'est demandé quels étaient
les motifs secrets de cette expédition : nous n'en
savons pas davantage que les autres ; mais si l'on

pouvait établir un jugement sur les apparences, on pourrait peut-être avancer qu'ils étaient semblables à ceux qui firent refuser des secours au vainqueur dangereux de Trébie, de Trasimène et de Cannes. Quoi qu'il en soit, le général français part de Toulon, et bientôt le drapeau tricolore flotte sur les rochers de Malte. Napoléon débarque à Alexandrie, s'en empare, marche vers le Caire, disperse les Arabes à Ramanié, à Chabrane, bat les deys réunis à Embabé, et le Caire tombe en son pouvoir.

Il laisse aux vaincus leur religion, leurs mœurs, les châtie d'une révolte, et les peuples, le croyant l'envoyé du grand Allah, célèbrent dans les mosquées les louanges de son favori.

Cependant Napoléon marche sur Sues, disperse les troupes turques dans les plaines de Ghazah, s'empare de la ville, prend Jaffa, ouvre la tranchée devant Saint-Jean-d'Acre, en Palestine, vers Tyr et Jérusalem, et réduit en cendres Aboukir, défendu par les Anglais.

Napoléon, à cette époque, était maître de toute l'Egypte : il avait rempli l'objet de sa mission. Qui doute qu'il n'y eût point établi une colonie puissante, si la France avait pu le seconder ? Cette expédition fut sans résultat, et les lauriers que nous cueillîmes sans fruit; mais à qui doit-on s'en prendre ? au général ou au gouvernement établi ? Le général fit son devoir, et le gouvernement ne put faire le sien.

Du fond de la Méditerranée, Napoléon apprend les dangers de la France, il revient dans sa patrie.

Le traité de Campo-Formio avait été violé ; les conquêtes d'Italie n'étaient plus ; des millions étaient dissipés ; les armées, privées de magasins, de vêtemens, dans la plus affreuse misère, humiliées, désorganisées, demandaient leur ancien chef ; de nouvelles guerres civiles embrâsaient la Vendée, la hache révolutionnaire menaçait de nouveau d'ensanglanter le sol de la patrie, Napoléon paraît : il est nommé Consul.

A la tête de quatre-vingt mille hommes, il franchit les Alpes, entre à Milan, repousse l'ennemi et s'empare de ses trésors, de ses magasins et de son artillerie ; les victoires de Montébello et de Marengo amènent la réorganisation de la république cisalpine et le traité de Lunéville. Bientôt après, l'Angleterre signe le traité d'Amiens et s'engage à évacuer Malte. C'est ainsi que le Consul sauve une seconde fois la France et prescrit une paix honorable.

Napoléon est nommé consul à vie. Sur trois millions et demi de votes, il réunit trois millions et demi de suffrages.

La Suisse est tourmentée par des orages intérieurs : Napoléon rétablit l'ordre en se nommant son médiateur.

Bientôt après l'Angleterre rompt le traité d'Amiens en refusant d'évacuer Malte. Napoléon recommence la guerre par l'invasion du Hanovre.

La France récompense les travaux du consul en le nommant Empereur.

Napoléon qui pouvait se passer du suffrage de Louis, puisque ses droits avaient été établis par la nation entière dans trois époques mémorables, le 24 frimaire, le 18 floréal et le 28 floréal, lui demande cependant ce suffrage, en lui offrant un établissement considérable. Louis répond, qu'il estime la valeur, les talens militaires de M. Bonaparte, qu'il lui sait gré de QUELQUES ACTES D'ADMINISTRATION, parce que le bien qu'on fera à *son peuple* lui sera toujours cher ; mais qu'étant *chrétien*, fils de Saint-Louis et successeur de François Ier, il refuse ses offres.

Napoléon qui était aussi *chrétien*, qui comptait dans ses aïeux, son génie et sa gloire, l'honneur d'avoir sauvé deux fois la France , et d'être l'Empereur de son choix, se passe de la permission de M. le comte de Lille, et se fait sacrer.

Quelques mois après l'Italie le reconnaît roi.

L'Autriche et la Russie déclarent la guerre à la France , et la première de ces deux puissances

2

commence les hostilités par l'invasion de la Bavière et la prise de Munich.

L'Empereur part de Paris le 2 vendémiaire, entre à Augsbourg le 18, délivre Munich le 20, gagne le 22 la bataille d'Elchingen, fait capituler Ulm le 26, et délivre ainsi la Bavière en vingt-quatre jours.

Après une suite de victoires non interrompues, il entre à Vienne le 22 brumaire, et gagne le 11 du mois suivant la bataille mémorable d'Austerlitz.

L'entrée injuste des Autrichiens à Munich amène ainsi la paix de Presbourg, et la campagne de soixante-dix jours donnant à l'Empereur une prépondérance qu'il n'avait pas auparavant, place la couronne de Naples sur la tête du prince Joseph, et celle de Hollande sur celle du prince Louis.

La grande armée était encore en Allemagne, qu'une nouvelle coalition suscitée par tant de succès et de gloire, paraît devoir éclater.

L'Empereur part de Paris, et les victoires d'Jéna, d'Eylau, d'Elbing, de Friedland et de Tilsitt, amènent le traité de ce dernier nom, par lequel la Russie et la Prusse s'engagent à fermer leurs ports aux Anglais.

Ce fut vers cette époque, que Ferdinand rendit à son père la couronne que celui-ci lui avait cédée, et le roi Charles, par un traité auquel adhérèrent tous les membres de sa famille, la mit à la disposition de l'Empereur, qui la plaça sur la tête de son frère Joseph.

Ces actes sont authentiques, réels, légitimes, reconnus par la junte suprême que Ferdinand lui-même établit lors de son départ de Madrid. Cette junte s'occupa même d'un projet de constitution présenté par l'Empereur.

Joseph entre en Espagne, et Madrid le reconnaît roi.

On a beaucoup blâmé l'Empereur d'avoir cherché à établir son frère sur le trône d'Espagne, et jugeant cette action comme on juge toutes celles des hommes, par le résultat, on lui a donné les noms les plus odieux.

On n'avoit point blâmé l'empereur de s'être fait protecteur de la confédération du Rhin, médiateur de la Suisse; d'avoir pris pour son compte la couronne d'Italie; d'avoir placé celles de Hollande et de Naples sur les têtes de ses frères : son ambition était juste, raisonnable ; toute la France s'en était énorgueillie : il avait réussi ;

> *At vulgus infidum... retro*
> *cedit ; diffugiunt...*
> *amici ,*
> *Ferre jugum pariter dolosi.*

La prépondérance que la France avait acquise par les nouvelles destinées de l'Espagne, avait excité la jalousie de l'Autriche en 1700. Le même événement amena le même résultat en 1809. Mais Louis XIV succombe, et Napoléon triomphe. La honte de la défaite de Hochstet est effacée par l'éclat de la victoire de Wagram. Louis XIV tremble jusque dans Versailles, et Napoléon entre à Vienne ; enfin Louis XIV signe, au bout de douze ans de guerres et de massacres, le traité honteux d'Utrecht, et Napoléon, au bout de trois mois, dicte la paix dans la capitale de l'Autriche.

Par ce traité, l'Autriche renonce à toute relation avec l'Angleterre, reconnaît à l'avance tous les changemens que Napoléon pourra faire dans le Midi de l'Europe, et lui donne en mariage sa fille aînée Marie-Louise.

Napoléon, fidèle à son système continental, et voulant ôter à l'Angleterre les ressources qu'elle puisait en Hollande, la réunit à l'Empire.

Ce fut vers ce temps que l'impératrice Marie-Louise donna à la France un gage certain de glorieuses destinées : le Prince Impérial naquit.

L'année suivante se Prépare la campagne de Russie. Napoléon quitte Paris vers le milieu de mai : vers le milieu de septembre il entre à Moscou.

A ce période de gloire l'Empire de Charlemagne était relevé, mais plus grand, plus majestueux. Napoléon, maître de l'Italie, occupant la plus grande partie des provinces de l'Espagne, gouvernant la Suisse, une partie de l'Allemagne, mettait en péril Saint-Pétersbourg et préparait un coup mortel à Londres ; l'agriculture, le commerce intérieur, les arts, les finances florissaient en France, et Napoléon était le même homme qui, quelques années avant, avait trouvé la guerre civile oaganisée, et pour ressources à la patrie quelques soldats épars sur les rochers de Gênes.

Mais les Français ne pouvant être vaincus par les hommes, le furent par les élémens : les frimats, devançant le tems de leur retour, sauvèrent l'Angleterre et la Russie, et détruisirent l'édifice immense du génie de Napoléon et de notre courage.

En vain il relève l'éclat des armes françaises à Lutzen et à Bautzen ; forcé de soutenir à Léipsick le choc de la Russie, de l'Autriche, de la Prusse, de la Suède, de la Bavière, il trouve des ennemis, même au milieu de ses rangs, et la Saxe, la Saxe qui lui devait son existence politique, tourne ses armes contre lui.

Ces événemens désastreux amènent l'ennemi jusque dans Paris.

Je propose ici un dilemme : ou la guerre de Moscou était motivée, alors Napoléon avait raison de l'entreprendre, et nous n'avons pas dû le rendre responsable d'événemens indépendans de sa valeur et de son génie, ou elle était sacrilége : dans ce cas, toute l'Europe qui la fit avec lui doit en partager le blâme.

Les faits du règne de Napoléon, que je viens de tracer ici, ne sont ni de vaines déclamations ni de ridicules suppositions : l'histoire s'en saisira un jour ; elle placera ce grand homme au rang des plus vastes génies qui aient apparus sur la scène du monde.

Laissons, a dit un des membres les plus généreux et les plus éloquens du Corps législatif ; laissons à la postérité à parler de Napoléon.

La postérité sépare l'intention de l'évènement, ce qui dépend de l'homme de ce que le hasard amène : elle voit ce qu'il a fait par lui-même et ce que la fortune lui a ravi.

Elle distinguera quatre grandes époques dans la vie de Napoléon. Le traité de Campo-Formio, ceux de Lunéville et d'Amiens, l'entrée à Moscou et l'invasion en France.

Les malheurs de la dernière ne lui feront point méconnaître les trois autres. Soyons aussi justes qu'elle, et, réunis dans un même vœu, dans une même pensée, pressons-nous tous autour de l'Empereur ; confions-nous tous à lui. Nous avions la paix sous les Bourbons, et nous l'aurons également sous l'Empereur ; mais sous les Bourbons nous étions avilis et méprisés, et sous l'Empereur nous serons honorés et redoutables.

M. de C. ayant pris à tâche de faire détester l'homme de la vie duquel nous venons d'esquisser les principaux traits, a d'abord passé sous silence toutes ses vertus et toutes les belles actions de sa vie. S'il se trouve forcé de lui reconnaître des qualités éminentes, il en diminue l'éclat en les représentant comme dangereuses. S'il est contraint d'avouer de belles actions, il en ôte le mérite en les faisant la suite naturelle de la force des choses et des événemens : il ne se borne point là : il aurait rendu le grand homme nul ; il fallait le rendre odieux.

Dans les détails compliqués d'une administration, il y a toujours des abus. Ces abus pouvaient être inconnus au souverain. M. de C. les fait dépendre de sa volonté ; ce qui était d'une année, d'un jour, devient d'un règne ; il érige en principe l'accident, en théorie une pratique éventuelle.

L'Empereur a succédé à une époque désastreuse, à des orages politiques ; l'auteur le rend responsable du développement des levains dangereux que ces orages avaient jetés dans les âmes ; c'est lui qui a organisé la dissolution des mœurs, et qui « *tous les matins fait prêcher dans les* » *écoles, au son du tambour, l'irréligion et la* » *débauche.* » (page 17.)

L'auteur enfin, appuyé de toutes les ressources de son talent, avance avec adresse une foule d'assertions hasardées, exprimées en termes gé-néraux. Ces assertions qu'il n'a point prouvées, qu'il n'aurait su comment prouver, et dont le vague ne laisse aucune prise à la discussion, frappent cependant le lecteur inattentif; c'est un bruit de paroles qui ne convainc pas, mais qui cependant étourdit.

Il faut en convenir, si, travaillant sur un plan pareil, on impose par l'éclat d'un nom que de brillans ouvrages ont rendu fameux ; si l'on est grand peintre, si on réunit ses efforts, non pour convaincre l'esprit, mais pour ébranler le cœur, et si l'on arrive à un moment où toutes les passions sont émues, où la douleur, la crainte, l'espérance tourmentent toutes les âmes, on fera un grand effet sur l'esprit même des gens les moins prévenus.

L'auteur, à peine entré en matière, s'écrie (page 2) : « Non ! ce ne sont pas les hommes » seuls qui ont conduit les événemens dont nous » sommes les témoins : la main de la *Provi-* » *dence* est *visible* dans tout ceci : *Dieu* lui- » même, marche à découvert à la tête des ar- » mées et s'assied au conseil des rois; comment, » sans *l'intervention divine*, expliquer l'éléva- » tion et la chute prodigieuse de celui qui na- » guères foulait le monde à ses pieds... Il est » fugitif, errant, sans asile. »

Cette déclamation paraît assez extraordinaire,

maintenant que la *main de la Providence ,
Dieu lui-même et l'intervention divine* ont permis que cet homme, *errant , fugitif , sans
asile ,* ressaisît en moins de vingt jours un scep-
tre qui dans ses mains est le premier du monde;
que seul, sans appui, sans argent, avec une poi-
gnée de braves , il précipitât du trône une
famille , maîtresse de tous les trésors , entourée
des corps de l'état , pouvant trouver trente millions de défenseurs; et qu'enfin semblable à cette
grande figure d'Achille que nous peint Homère,
il n'eut qu'à se montrer, qu'à faire un pas, pour
anéantir une ennemi orgueilleux.

« Comment, sans l'intervention divine, ex-
» pliquer son élévation prodigieuse et sa chûte? »
Rien de plus simple : son élévation fut le résu-
tat de son génie et de notre courage; sa chûte,
celui d'une gelée à Moscou, d'une défection à
Léipsick et d'une trahison à Paris.

« Il eût été *naturel* (page 4), de rappeler nos
» princes légitimes. » Ce qui veut dire : il eût été
conforme à *l'ordre de la nature* de rappeler nos
souverains légitimes, et ce qui ne signifie rien
dans le sens de l'auteur même. Il est naturel,
conforme à l'ordre de la nature de desirer l'arri-
vée de l'homme dont on attend un bienfait; mais
comment peut - il être conforme à la nature de
rappeler des princes dont le retour (c'est l'auteur
qui nous le dit quatre lignes plus bas) « faisait

» craindre aux uns pour leur vie, aux autres
» pour leurs richesses ?»

L'auteur nous dit dans le même paragraphe :
« De grandes raisons nous poussaient (au retour
» des Bourbons) : de petites nous retinrent. »
Ces grandes raisons sont... demandez-le à l'auteur. Il n'en parle pas ; mais les petites sont sim-
plement « *la conservation de nos vies, de nos
» fortunes ; nos passions encore émues, qui ne
» pouvaient renoncer aux principes de l'éga-
» lité.* » On voit que ce ne sont là que des ba-
gatelles.

Même paragraphe encore : « la félicité publi-
» que fut sacrifiée à l'intérêt personnel » , grosse
erreur, puisque ce fut au contraire l'intérêt personnel (d'une famille) qui fut sacrifié à la
félicité publique.

« Il fallut donc chercher à établir un chef
» suprême qui fut l'enfant de la révolution : un
» chef en qui la loi corrompue dans sa source
» protégeât la corruption (page 5). Il plaît à
M. de C .. de dire *la loi corrompue;* il nous
plaît à nous de dire *la loi corrigée;* dès-lors
cette phrase est frappante de vérité.

Eh ! oui, sans doute : il nous faut un chef suprême qui soit enfant de la révolution. Voilà
pourquoi les Bourbons qui ne sont pas enfans
de la révolution, qui en sont les ennemis, qui
nous ramèneraient toujours l'influence du clergé,

les prétentions féodales, des vengeances à exercer, des fortunes à rétablir ; voilà pourquoi,
disons-nous, les Bourbons ne se maintiendront
jamais en France. Nous avons pu croire avant
d'avoir essayé d'eux qu'ils se seraient mis au
niveau du grand peuple ; mais nous avons été
cruellement détrompés ; au bout d'un mois d'administration, nous avons reconnu en eux Pyg-
mée, qui veut donner des lois à Hercule. Si
l'Empereur n'était pas revenu, ils eussent été
de même renversés tôt ou tard, et nous aurions
pris pour chef un homme qui eût été des nôtres
ou qui eût plié ses idées aux nôtres : cette vérité
est frappante ; c'est *leur écrivain* qui la leur a
dite : il faut qu'ils la conçoivent bien et qu'ils
perdent à jamais tout espoir de retour au milieu
de nous.

Napoléon était monté sur le trône. Cette vérité était difficile à dissimuler ; M. de Ch... est
donc forcé d'en convenir, mais il trouve le
moyen d'en ôter la gloire à l'Empereur (p. 6).
« Personne ne lui disputait ce trône ; les généra-
» tions nées depuis la révolution, NE CONNAIS-
» SAIENT POINT NOS ANCIENS maîtres. » M. de C..
a dit là une grande vérité ; mais il ne faut lui
en savoir aucun gré, car (page 73) il dit tout
le contraire ; il veut prouver alors que nous de-
vons choisir pour rois ces *seigneurs des fleurs de
lys*, et il s'écrie : « Nous avons un roi légi-

» time , né parmi nous , que NOUS CONNAISSONS ,
» qui a nos mœurs , nos gouts , nos habitudes
» (ceci est un peu fort), et DONT NOS ENFANS
» SAVENT LE NOM COMME CELUI DE LEURS VOISINS. »
On voit avec peine jusqu'à quel degré d'inconsé-
quence M. de C... s'est laissé entraîner.

L'auteur dit (p. 13) : « que si , sous le règne
» de Napoléon on parlait de vertu, on était sus-
» pect : que louer une belle action était une
» injure faite au prince. » Ne voilà-t-il pas une
de ces assertions vagues dont nous parlions tout-
à-l'heure , qui ne s'appuient sur rien ? Est-ce en
instituant l'ordre de la légion d'honneur, que
Napoléon haïssait la vertu ? Est-ce en en déco-
rant les braves de nos armées, le digne Goffin ,
qu'il punissait les belles actions ?

« On nous taisait (p. 16) les événemens les
» plus importans à la patrie; les ennemis sont à
» Meaux : on ne l'apprend que par la fuite des
« gens de la campagne. » Mais depuis quand les
souverains ont-ils découragé leurs peuples, en
rendant publics de pareils désastres ? On chan-
tait à Saint-Pétersbourg un *Te Deum* pour la
bataille d'Austerlitz. Lorsque l'Empereur était à
Auxerre, lorsqu'on avait déjà enlevé les diamans
de la couronne, on nous disait : « qu'il n'avait
» avec lui que quatre mille aventuriers, qu'il
» venait d'être repoussé à dix lieues de Lyon;
» que ses soldats *vendaient leurs cartouches.* »

Pourquoi M. de C... ne va-t-il pas prendre également à partie, Alexandre et Louis? Quelle est donc cette fureur inexplicable qui s'attache à tous les pas d'un grand homme?

« L'autorité paternelle était traitée par Napo-
» léon, d'abus et de préjugé (page 17). » On sait que, sous son règne, plusieurs jugemens ont été rendus contre des enfans coupables de menaces ou de légères voies de fait contre les auteurs de leurs jours. Dans l'interrègne, on a vu une fille qui avait *levé le couteau sur sa mère*, acquittée et rendue à la liberté.

« Il voulait faire de nos enfans des espèces de
» mamelouks, sans patrie (page 17). » Sans patrie ! et la patrie était le but de tout : *honneur*, PATRIE, *Napoléon*, était la devise des braves.

« Vous aviez un fils incapable de servir; une
» loi de la conscription vous obligeait à donner
» quinze cents francs pour vous consoler de ce
» malheur (page 22). »

A ce reproche, il est curieux d'opposer la copie de l'ordonnance du roi, du 12 décembre 1814.

Art. 11. « Les conscrits réformés des classes
» antérieures à 1815 continueront à payer les
» *indemnités* auxquelles ils auront été taxés. »

Si cette loi est juste, pourquoi la reprocher à l'Empereur ? Si elle est injuste, pourquoi Louis la maintenait-il? Louis avait besoin d'argent en tems de paix , et Napoléon davantage encore en tems de guerre.

« La conscription faisait comme le couron-
» nement de ces œuvres du despotisme. »

La conscription n'est pas plus extraordinaire que la milice , et l'est moins que la presse. L'abus de la conscription , comme l'abus de la milice , comme l'abus de la presse , comme l'abus de toutes les levées d'hommes, peut seul être dangereux. M. de C. a confondu une loi sage avec l'extension que des guerres funestes ont forcé de donner à cette loi : il a condamné le principe sur l'application , et c'est fort mal raisonner.

M. de C. examine maintenant la politique de Napoléon ; il est tout aussi juste, tout aussi impartial dans ses apperçus.

Il commence par blâmer le système continental , système d'un fou ou d'un enfant , dit-il (page 81) , et il prétend que ce système a enrichi le peuple qu'il tendait à ruiner.

Que répondre à un écrivain aussi bien instruit des choses de l'Europe , qui ne sait pas que la dette anglaise se monte peut-être à dix-huit milliards de nos francs ; qu'avant les gélées de Moscou , on ne pouvait trouver une guinée à Londres? Que répondre à un écrivain qui sait toutes ces choses et qui trompe aussi audacieusement sa conscience? Que répondre enfin à un libelliste qui a le courage d'écrire quatre-vingt-sept pages de pareilles indignités ?

L'auteur nous dit : « Sa gloire militaire ! hé » bien, il en est dépouillé (page 36). » C'est l'auteur qui l'en dépouille, et voici comment : « C'est, en effet, un grand gagneur de batailles ; » mais *hors de là* le moindre général est plus » habile que lui ». *Hors de là* doit paraître très-singulier. « Il n'entend rien à la chicane du ter-» rain ni aux retraites. » A la chicane du terrain, il est permis d'en douter. Quant aux retraites, j'ignore ce qui en est ; mais je sais que jusqu'aux gelées de Moscou, les armées françaises n'en avaient fait aucune. Au surplus, il est plaisant d'entendre M. de C. donner des leçons de tactique à Napoléon.

L'auteur nous dit : » La France est envahie de » toutes parts : où sont les garnisons de nos » places frontières ? Il n'y en a point : où sont les » canons de leurs remparts ? Ils sont désarmés. »

Nos places frontières étaient en Belgique : demandez à nos braves de Maïence, de Maes-tricht, d'Ostende et de cinquante autres places, si leurs remparts étaient armés. Des mensonges si manifestes font tomber dans l'étonnement : on doute si ce qu'on lit est imprimé.

« *Si Napoléon eût* voulu *nous livrer sans* » *défense* aux puissances coalisées, *s'il nous eût*

» *vendus, s'il eût conspiré secrètement contre*
» *les Français, eût-il agi autrement ?* »

Je ne puis qu'abandonner mes lecteurs à leurs réflexions.

Voici une phrase remarquable (page 39) : « La plume d'un Français se refuserait à peindre » l'horreur des derniers champs de bataille. » Pourquoi donc l'auteur, qui s'appelle M. de Châteaubriant, et qui, portant un nom français, doit être Français, se plaît-il à nous retracer ces horreurs pendant six pages, et à nous montrer « six cent mille hommes gelés, debout, au mi- » lieu des frimats; de vieux capitaines, ayant » pour tout vêtement la peau sanglante des che- » vaux qui avaient servi à leur dernier repas, » et des bandes de levriers demi-sauvages suivre » nos armées pour en dévorer les débris ? »

En continuant notre examen, nous lirons que Napoléon hérita de toutes les armées formées sous nos plus habiles généraux (page 45), tandis qu'au 18 brumaire la France était attaquée sur tous les points et sans armées; nous verrons que Napoléon, en cherchant à concilier les partis, n'avait pour but que de mêler le vice et la vertu, et que si au Caire il a ménagé la religion, ce n'était que pour jouer le rôle de rénégat. (p. 49).

Enfin, nous apprendrons que Napoléon était un *homme* DE PEU (page 50), n'était que l'homme de la prospérité, rien par lui-même, un faux grand homme. (pag. 48 et autres).

Comment! il serait un homme de peu, celui qui a sauvé la France aux ponts d'Arcole et de Lodi, organisé toute l'Italie; qui a soumis l'Egypte, sauvé une seconde fois la France à Marengo, et réorganisé une seconde fois ses conquêtes; abattu l'Europe entière en soixante-dix jours; détruit, dans une campagne non moins mémorable, une seconde coalition, et qui, dans une troisième série de victoires, est allé chercher une épouse jusque sur l'un des plus anciens trônes de l'Univers? Il serait un faux grand homme, celui qui avait substitué au système de places fortes de Vauban, un système d'empire entier; qui avait fait un de ses frères roi de Hollande, un autre, roi de Westphalie, un troisième, roi de Naples, un quatrième, roi d'Espagne, un de ses compagnons d'armes, roi de Suède? Il n'est que l'homme de la postérité, celui que *l'Europe entière en armes*, secondée des élémens et de la trahison, a pu seule abattre, et qui, banni par elle sur un rocher, sans armes, sans trésors, la défie tout-à-coup, à l'instant même où elle se partage ses dépouilles, et précipite du trône, en vingt jours, la famille, forte de huit siècles de souvenirs, qu'elle venait d'y placer?

M. de C. aurait dû, en écrivant ces phrases

étranges , nous faire connaître ce qu'il appelle l'homme de quelque chose , la véritable grandeur.

L'auteur, dans la seconde partie de son ouvrage, faite, sans doute, plus rapidement que la première, nous montre ce que peut l'adulation abandonnée du talent.

« Le peuple français (selon lui , page 57) » ne sait pas ce qu'est un Empereur ; il ne » connaît pas la nature, la forme, la limite » du pouvoir attaché à ce titre étranger, mais » il sait parfaitement bien ce qu'est un roi ». Voilà pourquoi il nous fallait quitter cette dénomination d'empire , « qui rappelle les vices et » les guerres qui pèsent sur la mémoire des » Césars » , tandis que le titre de royaume ne rappelle que vertus et paix, témoins Charles IX, Louis XI et Louis XIV.

Ensuite , l'auteur vient nous dire (page 61), qu'une princesse dont chacun avait plaint les malheurs , mais de la couche de laquelle personne n'ignore les secrets, « deviendra féconde » sur ce sol fécond de la France , parce que » *ce sol produit naturellement les lys.* »

Puis il nous raconte (page 61) que M. le comte de Lille est peut-être le seul roi qui nous soit propre, « parce que (c'est l'auteur qui parle) » IL N'A DANS LA TÊTE QUE DEUX OU TROIS IDÉES » COMMUNES, MAIS UTILES. »

Enfin (page 65), « *Robert le Fort*, descendant
» *vraisemblablement* de la seconde race , et
» celle-ci se rattachant à le première », il s'ensuit
que M. le comte de Lille est petit-fils de Phara-
mond. J'aurais autant aimé le faire descendre
du roi Adam, ou du fils aîné de l'empereur Noé ,
comme dit Jean-Jacques. Cette filiation serait
aussi noble , et elle aurait du moins cet avan-
tage, c'est que personne ne s'aviserait de la con-
tester.

Nous croyons avoir sappé dans ses fondemens
un écrit devenu fameux par l'audace du scandale.

Nous nous sommes fait un devoir de ne rien
taire et de rapporter le texte même de l'auteur.

Nous n'avons passé sous silence que l'événement dont il est question, page 8, et nous
croyons que les princes qui ont *annobli* la famille de GEORGE CADOUDAL, n'ont pas le
droit de nous en faire un reproche. Nous ne
nous sommes permis d'ailleurs aucune person-
nalité ni contre l'auteur, ni contre une famille
malheureuse. Nous savons que nous plairons
moins ; mais il ne s'agit point de plaire, il faut
convaincre , et ce n'est pas avec des injures
qu'on parvient à rallier les esprits.